Une équipe de choc

La manière adéquate d'héberger des rats, de les nourrir et d'occuper ces petits compagnons malicieux.

Des soins et de l'affection

Apprenez à vous occuper de vos animaux quand ils sont malades ou que la famille s'agrandit...

Des personnalités attachantes

Grâce à leur étonnante faculté d'adaptation et à leur goût pour la proximité de l'homme, les rats ont conquis le monde entier. Mais cette cohabitation avec l'homme a causé bien des problèmes dans les deux camps. Le rat fait partie des nuisibles les plus importants ; pourtant, il reste l'un des animaux les plus utilisés en laboratoire.

Toutefois, dans beaucoup de pays occidentaux ces dernières années, les rats ont lancé une toute nouvelle offensive : à la conquête des salles de séjour et des chambres d'enfants. Au début, c'était le plus souvent un acte de provocation de la part de marginaux, puis on a découvert les qualités des rats, qui se sont révélés câlins et attachants.

Leurs fans apprécient leur intelligence, leur curiosité, leur affection et leur propreté, bien supérieures à celles d'autres petits animaux de compagnie. En outre, ils demandent peu d'espace, coûtent peu cher, tant à l'achat qu'en nourriture.

Ces qualités appréciables les désignent tout particulièrement comme premier animal de compagnie : vous éprouverez beaucoup de plaisir à vivre avec eux.

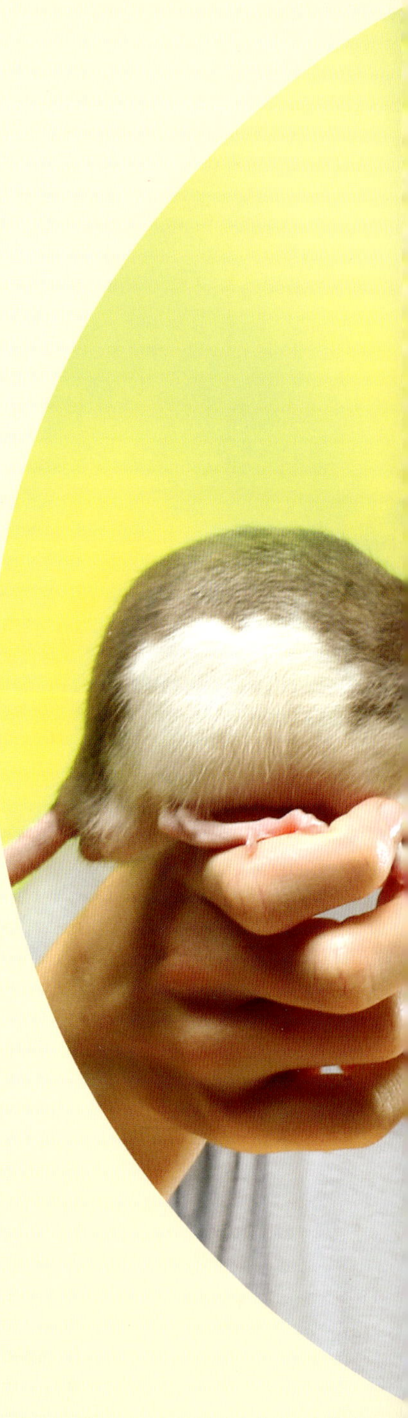

La curiosité est l'une des qualités les plus charmantes de ces compagnons turbulents toujours prêts à jouer quelque tour. Laissez-vous gagner par leur bonne humeur et participez à leurs passionnantes excursions dans votre salon.

Des nez curieux *au travail. Pour les rats, tout est intéressant et à deux, les explorations sont encore plus plaisantes.*

Connaître les rats

L'origine des rats

Les rats sont de vrais artistes de la survie, réussissant à s'adapter aux environnements et aux conditions de vie les plus divers. Ils se sont toujours sentis à l'aise avec l'homme qui leur offre — le plus souvent sans le vouloir et sans le savoir ! — le gîte et le couvert.

Les ancêtres des rats que nous avons comme animaux de compagnie ont conquis presque le monde entier en se servant souvent pour cela de moyens de transport humains. Aujourd'hui ils ont même « découvert » que l'avion était une façon rapide et pratique pour voyager !

Un peu de zoologie

Les rats appartiennent à l'ordre des mammifères qui réussissent mondialement le mieux : celui des Rongeurs *(Rodentia)*. Ils font partie du sous-ordre des Myomorphes (*Myomorpha*), de la famille des Muridés *(Muridae)* et du genre *Rattus*, qui compte plus de 50 espèces.

Venus du Sud-Est asiatique, les ancêtres de nos rats ont conquis le monde entier.

À l'état sauvage

Les rats de compagnie ou de laboratoire descendent tous du **rat brun** ou **surmulot** *(Rattus norvegicus)*.

▸ En Europe vit encore une deuxième espèce de rat sauvage : le rat des champs *(Rattus rattus)*. Celui-ci, appelé dans d'autres langues « rat noir », était jadis largement répandu ; aujourd'hui, dans quelques pays européens, il est déjà sur la liste des espèces animales menacées d'extinction. Il est nettement plus petit, plus svelte et a la queue plus longue que ses parents plus largement répandus. Il préfère la chaleur et des habitats plutôt secs, comme les greniers. Grâce à une chasse intensive et à un mode de construction à l'épreuve des rats, l'espèce est en train de régresser fortement. Son caractère craintif et son mode de vie essentiellement nocturne ne le prédisposent guère à devenir un animal de compagnie.

▸ Le rat brun est au contraire un véritable sportif polyvalent : il possède beaucoup de talents sans atteindre la perfection dans aucun domaine. Il peut parfaitement creuser, grimper, nager et courir, mais il est surpassé par d'autres espèces dans chacun de ses domaines.
En conséquence, il est beaucoup moins spécialisé, donc moins dépendant d'habitats déterminés que d'autres espèces de rongeurs. C'est ce qui le rend très adaptable : il s'habitue très vite à de nouvelles conditions de vie.

▸ Dans notre environnement, peu d'endroits offrant quelque chose à manger ne sont pas colonisés par les rats. Mais ils préfèrent les lieux souterrains (caves, égouts ou tanières enterrées), d'où ils peuvent rayonner à la recherche de nourriture. On peut les amener à adapter leur phase principale d'activité, mais ces rongeurs sont avant tout actifs la nuit.

Les rats bruns sont arrivés par bateaux sur de nouveaux continents.

À SAVOIR

Le rat brun

Le rat brun est d'une taille plus imposante que le petit rat noir.
Il mesure 18 à 20 cm sans la queue ; celle-ci, puissante, dépourvue de poils, a une longueur d'environ 20 à 25 cm.
Le poids de l'adulte est en moyenne de 270 g. Les mâles sont généralement plus lourds et plus grands.

Le rat, animal de compagnie

Il y a à peu près 180 ans, dit-on, qu'on attrape des rats pour en faire des animaux de compagnie ; les plus appréciés étaient les blancs, première mutation de couleur apparue.
Ce sont de ces albinos que descendent sans doute aussi les rats qui sont maintenus par millions dans les laboratoires.
À l'heure actuelle, les rats sont de plus en plus appréciés comme animaux de compagnie.

Des aptitudes fascinantes

Les rongeurs forment une famille qui, d'un point de vue évolutif, ont particulièrement bien réussi et ont su coloniser la quasi totalité de la planète. Cette réussite, ils la doivent entre autres à l'interaction de leurs aptitudes physiques, de leurs performances sensorielles élaborées et de leur faculté d'adaptation.

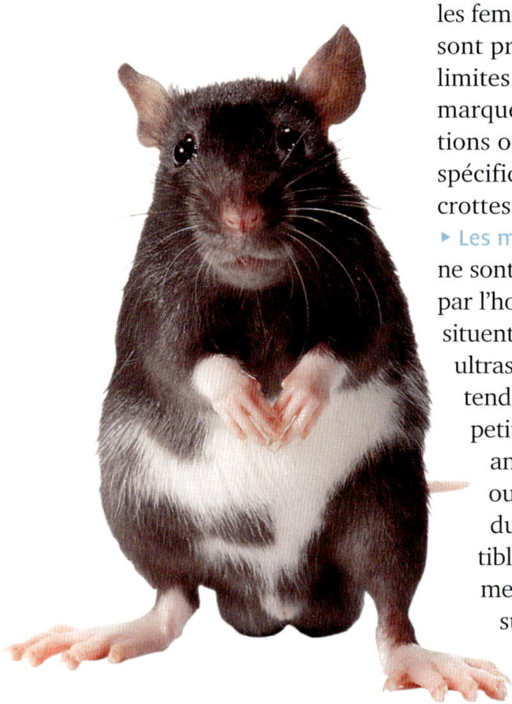

Un petit nez renifleur en action : les rats ont des sens performants.

Les performances sensorielles

Les rats ont diverses manières de communiquer entre eux.

▸ **La communication olfactive** joue le plus grand rôle et l'odorat est aussi leur sens le mieux développé. Les membres d'un groupe se reconnaissent à l'odeur et c'est par des odeurs corporelles que les femelles signalent qu'elles sont prêtes à s'accoupler. Les limites du territoire sont marquées à l'aide des sécrétions odorantes de glandes spécifiques, ainsi qu'avec des crottes et de l'urine.

▸ **Les manifestations vocales** ne sont que rarement perçues par l'homme, car elles se situent dans le registre des ultrasons (que nous n'entendons pas). Seuls les petits dans leur nid et des animaux qui se battent ou sont très peureux produisent des sons perceptibles. Les rats ont également une bonne ouïe, supérieure à celle de l'homme. Ils peuvent surtout percevoir des fréquences plus hautes, ce qui est important pour la communication ; en outre, leurs oreilles bougent indépendamment l'une de l'autre pour localiser la source du bruit.

▸ **Les poils tactiles** qu'ils portent sur le museau, appelés vibrisses, sont reliés à une quantité particulièrement importante de nerfs ; en combinaison avec les autres sens, ils leur permettent de trouver leur chemin, même dans une obscurité totale. D'autres poils tactiles sont répartis sur l'ensemble du corps et reconnaissent les stimuli.

▸ **La perception visuelle** joue chez les rats un rôle limité. Ils sont myopes et évaluent plutôt mal les distances. Pourtant au crépuscule, ils voient mieux que l'homme parce que leurs yeux sont capables de tirer meilleur parti de la lumière restante.

Anatomie d'un artiste de la survie

Les rats ont un corps trapu, compact, qui ne se remarque pas, presque passe-partout. Et c'est justement ce qui fait de lui un athlète complet doté de beaucoup d'aptitudes différentes.

La longue queue maintient l'équilibre en situation instable.

▸ La dentition du rat est typique du rongeur. Les quatre longues incisives (deux en haut et deux en bas, voir p. 48) n'arrêtent jamais de pousser et sont séparées des molaires par une lacune, dans laquelle les lèvres peuvent se loger en sécurité lorsque l'animal ronge. Si ces incisives ne sont pas suffisamment usées (p. 37) et deviennent trop longues, cela entraîne des problèmes de santé. Les molaires déchiquettent la nourriture, mais elles ne poussent plus.

▸ La longue queue nue, qui est la cause de l'aversion que beaucoup éprouvent envers les rats, leur sert à la fois de balancier et d'appui.

▸ Les pattes de ces plantigrades sont proportionnellement grandes et légèrement poilues au talon. Elles leur donnent de la stabilité et, avec les pattes arrière bien musclées, pourvoient à donner la poussée nécessaire pour courir, se maintenir en équilibre et grimper.

▸ Les pattes avant font penser à des mains humaines et peuvent être utilisées de façon presque aussi polyvalente, par exemple pour grimper, nettoyer et saisir de façon précise. La différence la plus frappante entre nos mains et leurs pattes, c'est qu'elles ont des griffes et non des ongles.

Des talents dans tous les domaines

Les rats excellent à courir, fouir et nager. Contrairement aux espèces spécialement adaptées à la vie arboricole, ils sont moins bons quand il s'agit de sauter, de grimper, de se maintenir en équilibre sur des petites branches fines ou d'avancer en suspension de branche en branche. Mais du point de vue de l'histoire de l'évolution, c'est justement cette absence de spécialisation qui est la clé du succès du rat brun, qui, grâce à ses aptitudes, a pu conquérir beaucoup d'habitats humains.

Les traits distinctifs du rat

Les rats ont une mauvaise image auprès de beaucoup d'humains, et leur inspirent souvent du dégoût. Pourtant, quand on les approche de plus près, on découvre chez eux des côtés fascinants.

Des rongeurs astucieux

Les rats sont des animaux intelligents, leur ruse a déjà conduit bien des chasseurs en chambre au bord du désespoir. Qu'il s'agisse de pièges conventionnels ou d'appâts empoisonnés, les rats reconnaissent en général vite le danger et savent l'éviter. Dans les clans de rats vivant à l'état sauvage, il y a même des éclaireurs qui reconnaissent l'environnement et avertissent les autres des dangers. Les rats de compagnie sont aussi très astucieux. Ces rongeurs développent des stratégies pour résoudre les problèmes et peuvent même – si on sait les motiver – apprendre de petits tours d'adresse (p. 40). Quand ils sont sous notre protection, il est très important que nous exigions le maximum du corps et de l'intelligence de ces animaux très éveillés, afin de leur éviter la tristesse.

Les rats sont propres et passent beaucoup de temps à s'entretenir.

La vie de famille avant tout

Les rats sont des animaux sociables et sociaux. Ils ressentent un besoin très fort du contact avec un ou plusieurs partenaires sociaux. Il est vrai qu'un jeune rat maintenu isolé s'attache souvent très étroitement à l'homme, mais cela va à l'encontre du bien de l'animal, car cela l'empêche d'exprimer de nombreux comportements typiques de son espèce.

▸ Les rats bruns vivant à l'état sauvage forment des bandes importantes, qui comptent 100 à 200 individus. Mais selon leur espace vital, cela peut se limiter aussi à une petite famille. Les rats sont en effet des opportunistes qui s'adaptent. Ensemble, les rats de la famille cherchent de nouvelles sources de nourriture, agrandissent leur gîte et y apportent des matériaux pour le nid. Dans leur sommeil, ils se blottissent les uns contre les autres pour se tenir chaud. Les toilettages mutuels renforcent également les liens du groupe.

Une stricte hiérarchie

Pour que la vie quotidienne dans un groupe de rats se déroule aussi harmonieusement que possible, le groupe dans lequel ils vivent est structuré selon un ordre hiérarchique très précis. Plus le statut d'un mâle est élevé, plus il a de privilèges pour la nourriture, et plus il peut s'accoupler souvent.

▸ Les sexes dans une famille de rats sont en général inégalement répartis et, le plus souvent, il y a plus de femelles que de mâles. Les mâles qui ne réussissent pas à obtenir leur juste place dans l'ordre hiérarchique émigrent fréquemment.

▸ Le chef de famille n'est pas toujours le mâle le plus fort et le plus grand, c'est souvent un animal d'un certain âge et plein d'expérience.

▸ Des bagarres amicales éclatent, parfois fréquemment, surtout entre jeunes animaux. C'est un moyen pour eux d'entretenir leur condition physique et d'entraîner leur capacité de réaction, mais c'est aussi souvent une manière ludique d'établir leur rang dans la hiérarchie. Ces joutes ne donnent normalement pas lieu à des blessures.

▸ Lors des combats pour la place dans la hiérarchie ou lors de l'intrusion d'individus d'un clan étranger, cela peut s'envenimer. Tout commence par une gestuelle d'intimidation : se présenter dans toute sa longueur, hérisser ses poils et fermer à demi les yeux. Puis les adversaires se rapprochent lentement et avec raideur en feulant. Dans le court combat qui suit généralement, ils dressent le poitrail de toute leur hauteur et tambourinent l'un sur l'autre avec les pattes de devant. Souvent, l'un des deux abandonne alors. Mais si dans cette épreuve de forces, aucun n'a le dessous, il s'ensuit des morsures qui, dans certaines circonstances, peuvent être mortelles.

Le travail d'équipe prime : lors d'un difficile numéro de funambule, le congénère se révèle un soutien important.

Une famille bariolée

Les rats, autrefois uniformément caractérisés par un gris brun qui passait inaperçu, existent aujourd'hui dans une multiplicité de belles variantes de couleur et de dessin.

Des variations de couleur particulières

La couleur naturelle du rat brun – sa couleur sauvage – est un gris brun (portrait de droite). Les premières mutations de couleur sont apparues, semble-t-il, dans le premier tiers du XIXe siècle en Grande-Bretagne où furent attrapés en 1822 les premiers rats blancs. Dans la nature, il se produit continuellement des mutations subites et l'albinisme est un phénomène bien connu. À vrai dire, à l'état sauvage, ces animaux ont une espérance de vie moindre que leurs congénères dotés d'une couleur de camouflage et sont souvent victimes plus tôt de prédateurs. Jusqu'à présent on n'a pas dans l'élevage des rats attaché une grande importance à des lignées définies de couleurs. Celui qui s'intéresse à des couleurs particulières et à leur dénomination exacte a intérêt à se tourner vers une association ou un club. Il existe une foule de variantes de couleur et de marquages, par exemple :

- Noir : pelage et yeux noirs ; pattes en accord avec la couleur du corps.
- Chocolat : brun chocolat ; souvent avec des pattes ou un ventre blancs ; yeux noirs.
- Rat à capuche : capuche de poils noirs ou crème, mais cela existe aussi dans à peu près toutes les couleurs de base ; rayures nettes sur le dos, le reste du corps est blanc ; pattes couleur chair ; yeux noirs.
- Rat albinos : blanc de neige avec des yeux rouges.
- Les sélections génétiques comme les rats frisés (Rex), les rats dumbos avec leurs grandes oreilles ou les rats nus sont à déconseiller formellement.

Le rat gris brun

Ce rat, de prime abord plutôt insignifiant, est aussi appelé sauvage ou agouti.

- Raffiné L'effet de camouflage du pelage est obtenu par la combinaison et la répartition de poils brun rougeâtre et noirs. En outre, certains poils présentent des sortes de bandes de couleurs variées. Le pelage du ventre est gris argent, les pattes ont la couleur du corps et les jolis yeux sont des perles noires.

- Variantes À côté de l'agouti classique, il existe des variations de couleur : agouti doré, agouti cannelle et agouti argenté. Selon la répartition de ces couleurs, les animaux présentent des nuances de pelage différentes.

Le rat pie

On trouve très fréquemment des rats à pelage pie. Ils présentent une grande variété de jolies couleurs intéressantes.

▸ Une question d'individu La répartition symétrique de colorations blanches et foncées rend ce rat très attrayant, mais la sélection d'un marquage régulier est très difficile et on ne peut pas savoir à l'avance à quoi ressembleront les petits. Souvent les taches de couleur sont réparties irrégulièrement, ce qui rend tout rat pie unique en son genre et impossible à confondre avec un autre.

▸ Les yeux rouges Sur la photo, on peut voir un jeune rat pie beige. Les yeux rouges, les pattes et les oreilles claires sont typiques de cette couleur. Les animaux dotés d'un pelage clair sont sensibles au soleil.

Le rat husky

Le marquage original de ce pelage rappelle par sa couleur et sa disposition le poil du chien de traîneau de Sibérie, d'où son nom.

▸ Une bande sur le dos Ce rat attrayant est blanc et gris et le marquage gris s'étend de la tête à la queue en suivant le dos. Ses yeux sont noirs, ses pattes, ses oreilles et sa queue couleur chair. Dans ce cas, aucun marquage ne ressemble aux autres et chaque animal se reconnaît à des détails individuels.

▸ La couleur à la naissance Les rats husky sont souvent très foncés à la naissance puis, avec l'âge, ils s'éclaircissent, certains devenant même très pâles. Les Anglais les appellent « Roan ».

Le rat unicolore

À côté des rats agoutis, il existe aussi des animaux monochromes, dont les poils ne présentent aucune rayure de couleur.

▸ L'histoire du nom La couleur du rat représenté ci-dessus est appelée dans les cercles d'éleveurs « blue » ou « bleu ». La dénomination des couleurs et des marquages vient des pays anglo-saxons, où la sélection ciblée de couleurs et de marquages particuliers a commencé beaucoup plus tôt.

▸ Une couleur pure La couleur du rat bleu est en fait un gris avec des nuances diverses. Les animaux totalement monochromes sont appelées « self », le poil n'est pas couleur agouti.

Sommes-nous faits l'un pour l'autre ?

Les rats sont de plus en plus appréciés comme animaux de compagnie — et ce n'est pas sans raison ! Car ces animaux remuants font partie des rongeurs les plus intelligents, ne laissent jamais l'ennui s'installer et s'attachent très profondément à leur soigneur.

Avoir un animal de compagnie ne se décide pas à la légère, mais après mûre réflexion. Même si les rats ont une vie courte et de remarquables facultés d'adaptation, ils ont certaines exigences. C'est pourquoi il est très important que vous puissiez répondre « oui » aux questions suivantes.

Réflexions préalables

- Un rat vit en moyenne 2 à 3 ans. Pouvez-vous vous accommoder de cette courte existence ?
- Personne n'est allergique aux poils d'animaux ou à la poussière.
- Supporterez-vous quelques traces de dents sur les meubles, de la nourriture ou de la litière éparpillée, ou parfois des odeurs désagréables ?
- Toute la famille accepte-t-elle ces nouveaux animaux de compagnie ? Les rats ont malheureusement souvent encore une image négative.
- Disposez-vous d'un espace convenable pour installer les rats (p. 25) ?

① ◂ Liberté de mouvements Les rats ont un grand besoin de découverte et il faut qu'ils aient chaque jour l'occasion de s'ébattre hors de leur enclos dans la maison et d'y explorer tout ce qui est possible (p. 42). Accepterez-vous qu'au cours de ces randonnées, ils grignotent un bout de journal, de meuble ou de tapis ? Cela vous pose-t-il un problème que ces animaux ne soient normalement pas propres et, qu'au cours de leurs balades, déposent ici et là des crottes et de l'urine ?

▸ Avez-vous réfléchi à vos vacances ? Vos rats seront-ils acceptés sur votre lieu de villégiature ? Ou avez-vous un ami qui se chargera d'eux pendant cette période ?

▸ Ne surestimez-vous pas l'intelligence des rats ? Elle est certes plus élevée que celle de beaucoup d'autres petits animaux, mais il y a de très grandes différences d'un individu à l'autre !

▸ À partir de 8 ou 10 ans, les enfants peuvent jouer avec des rats et prendre soin d'eux. Mais il faut d'abord le leur permettre uniquement sous la surveillance d'un adulte. Et pour les soins eux-mêmes, les enfants ont toujours besoin du soutien d'un adulte. Pouvez-vous compter sur un membre de la famille pour avoir toujours l'œil sur la maintenance des animaux ?

▸ La vie commune avec d'autres animaux de compagnie déjà présents peut-elle être envisagée sans problème de part et d'autre (p. 35) ?

▸ Êtes-vous prêt à débourser, même pour une si petite bête, les frais vétérinaires nécessaires, qui se révéleront peut-être plus élevés que son prix d'achat ?

2

▴ **Des notes parfumées** Par rapport aux hamsters et aux gerbilles, les rats ont une odeur plus forte, et il faut nettoyer leur cage plus fréquemment (p. 46). Avoir des rats demande donc pas mal de travail. À cela s'ajoute la promenade quotidienne en liberté dans la maison, qu'il faut nécessairement surveiller pour qu'il n'arrive rien ni aux animaux ni au mobilier. Il ne suffit donc pas de poser une cage dans un coin et de nourrir les rats chaque jour ! Si vous n'êtes pas encore très sûr de vous, le mieux est d'aller chez d'autres soigneurs, voir les animaux et leurs cages : vous pourrez ainsi partager leur expérience. Vous pouvez aussi commencer comme soigneur de vacances et constater ce qu'implique réellement l'accueil de rats chez soi.

Choisir un rat

Une fois que l'on est convaincu que les rats sont exactement les animaux que l'on souhaite avoir pour amis, il faut encore se demander quelles qualités doit posséder le futur colocataire.

Un ou plusieurs rats ?

À l'état sauvage, les rats vivent en groupes importants. Ils sont très sociaux. L'idéal pour le bien de l'animal est donc d'avoir au moins deux rats. Si l'on s'obstine à n'en vouloir qu'un, il faut se dire que l'on ne pourra répondre au besoin de chaleur et de proximité du rat qu'en l'emmenant partout avec soi, sur ou sous ses vêtements. Mais, quoi qu'il en soit, l'homme ne peut pas remplacer le congénère, car creuser un trou en équipe, entasser de la nourriture dans les trous et grimper à la vitesse du vent sont quelques-unes des occupations typiques du rat que l'homme ne peut pas partager. S'ils vivent en communauté avec des congénères, les rats ne s'apprivoisent parfois pas aussi vite que s'ils sont maintenus isolés. Pour cette raison, il est bon d'acheter d'abord un seul animal et seulement 2 à 3 semaines plus tard un deuxième qui servira de partenaire social au premier. Les jeunes s'habituent généralement les uns aux autres sans difficulté (p. 34).

De quel âge ?

Chez le rat, l'aptitude à être domestiqué est moins une question d'âge que de caractère. Même âgés, ils peuvent être affectueux. Malheureusement l'espérance de vie des rats n'est pas très élevée et atteint en moyenne 2 ou 3 ans. C'est pourquoi il est préférable d'acquérir de jeunes animaux, mais celui qui aime les animaux peut aussi avoir beaucoup de joies avec un animal plus âgé. Il ne faut pas choisir des jeunes âgés de moins de 6 semaines. Les jeunes rats n'ont pas seulement besoin de lait, mais aussi du contact de leur mère qui leur transmet de la chaleur et de la sécurité, mais aussi son expérience. Les jeunes séparés trop tôt restent plus petits et tombent vite malades.

De quel sexe ?

Cette question se pose si on veut absolument faire de l'élevage ou au contraire ne pas avoir de petits.

- **Des femelles** supportent en général très bien de vivre ensemble, surtout si elles sont issues de la même portée ou ont été mises en contact dans leur "adolescence".
- **Des mâles** s'habituent plus difficilement les uns aux

N'achetez jamais par compassion

Pour porter un jugement d'ensemble sur les animaux, fiez-vous à votre bon sens.

Les rats doivent vous paraître normaux. Vous devez être convaincus qu'ils sont en bonne santé et heureux de vivre.

On n'achète pas par compassion : ce serait soutenir des éleveurs et des marchands douteux. Les éleveurs sérieux ne fournissent que des animaux en bonne santé et bien socialisés.

Ces deux-là s'entendent bien : le mieux est de choisir des animaux qui forment déjà une paire d'amis.

autres. Les animaux de même âge et de même force se battront continuellement pour la dominance. Il vaut mieux mettre ensemble des mâles d'âge différent.

▸ La « petite » différence. Les testicules des jeunes mâles forment un double bourrelet que l'on peut voir ou sentir sous les doigts à la racine de la queue. Ils sont déjà nettement perceptibles vers la quatrième semaine. Chez les mâles, la distance entre l'anus et l'orifice génital est aussi plus grande que chez les femelles. Ces dernières ont en plus deux rangées de mamelles, en général difficilement reconnaissables.

▸ Certaines différences sexuelles ne sont visibles que chez les animaux adultes : les mâles sont en général un peu plus grands et plus lourds (jusqu'à 600 g environ) et les femelles plus fines et plus lestes. Les jeunes mâles sont aussi habituellement plus calmes, plus équilibrés, plus câlins et plus indolents, mais répandent une odeur plus pénétrante que les rates. Ces dernières sont plus curieuses et souvent aussi plus capables d'apprendre.

À SAVOIR

Affaire de caractère

Chez les rats, exactement comme chez d'autres animaux, on constate des différences de comportement et de tempérament.
Chaque animal a sa propre personnalité avec des aptitudes, des talents, des préférences et des aversions qui lui sont propres.
Aucun rat ne ressemble à un autre par le caractère.
Pour apprivoiser un animal farouche et peureux, il faut plus de patience qu'avec un rat déjà confiant.

Un choix judicieux

Choisir un animal n'est pas toujours simple, mais pour le futur ami de la maison, il vaut la peine de faire une recherche sérieuse. D'abord prenez votre temps pour observer de près les rats. N'achetez que chez des fournisseurs qui abritent leurs rats dans des cages spacieuses, propres, avec assez possibilités de cachettes, non surpeuplées et en séparant les sexes. Observez impérativement avec soin tous les habitants de la cage. Si un seul des animaux donne l'impression d'être malade (voir encadré ci-dessous), renoncez à l'achat, car les autres animaux pourraient déjà être contaminés. Si vous ne souhaitez pas faire d'élevage, l'apparence extérieure peut passer au second plan ; mais pour la vie commune, le caractère du rat est primordial.

À quoi reconnaît-on des rats en bonne santé ?

Le pelage est normalement propre et lisse, bien appliqué sur le corps, et ne présente aucune plage sans poils. Si l'animal se gratte fréquemment, cela peut-être le signe d'une infestation par des parasites (p. 50).

Les yeux sont obligatoirement brillants et clairs, sans la moindre croûte ou le moindre écoulement.

Le nez est propre et ne coule pas. Pas de respiration difficile ni d'éternuements.

Les oreilles doivent autant que possible paraître sans souillures.

L'anus et la région environnante doivent absolument être propres. Des salissures sont une indication de diarrhée.

De petites blessures guérissent normalement sans problème, mais elles prouvent un manque de sensibilité chez le vendeur. Les bagarres existent, surtout entre rats plus âgés ou étrangers.

Où se procurer des rats ?

- **Dans les animaleries,** on trouve souvent des rats, le plus souvent élevés comme animaux de compagnie, mais parfois pour servir de nourriture aux reptiles...C'est pour cela qu'on les achète parfois par compassion. Mais le sauvetage d'une vie ne dispense pas d'une maintenance appropriée.
- **La Société protectrice des animaux** (SPA) peut aussi vous aider à trouver votre nouveau compagnon (encadré de droite). Même des animaux plus âgés s'acclimatent facilement.
- **Dans beaucoup de journaux,** de jeunes rats sont régulièrement offerts pas des éleveurs amateurs. C'est l'idéal pour apprendre à connaître les conditions d'élevage et trouver soi-même son compagnon.
- **Les rats provenant d'élevages privés** sont souvent confiants et approchent l'homme amicalement – à condition qu'ils aient été maintenus en respectant leur bien-être et aient eu de fréquents contacts avec

Les jeunes rats adoptés devraient avoir au moins trois semaines.

l'homme. Chez un éleveur privé, c'est le comportement avec les animaux qui importe. Le foyer des rats aux dimensions généreuses se doit d'être propre et aménagé avec une grande imagination. Il ne faut pas acheter si on a l'impression que le fournisseur est un « camelot », qui ne s'intéressera plus à ses animaux après livraison.

La curiosité l'emporte

Quand un rat flaire avec précaution et curiosité la main que l'on tient dans sa cage et ne s'enfuit pas, il fera normalement un bon animal de compagnie. Les animaux qui, d'emblée, essaient d'échapper au bras ou se réfugient dans le coin le plus éloigné de la cage ne s'apprivoiseront qu'au prix de beaucoup d'efforts ou pas du tout.

▸ Lors de l'achat d'une femelle, il est particulièrement important de s'assurer que les animaux sont séparés par sexe – sinon on risque d'acheter une femelle pleine !

À SAVOIR

Une équipe de rêve

Lorsqu'on fait son choix, l'important n'est pas seulement que les rats nous plaisent, mais qu'il y ait entre eux aussi une « alchimie ».

Dans les refuges pour animaux et sur Internet, on trouve souvent des rats de tout âge et dans de nombreuses couleurs.

Les animaux des refuges sont souvent déjà très amis. Ces équipes de choc vous donneront à coup sûr beaucoup de joies.

Une équipe de choc

L'habitat de vos protégés

La cage des rats doit nécessairement remplir de multiples fonctions pour ses habitants : il est à la fois chambre à coucher, salle à manger, toilettes et terrain de jeux.

Choisir la cage

Les rats ne font partie des animaux de compagnie courants que depuis quelques années. Il y a encore peu de temps, il était fort difficile de se procurer une cage adéquate en animalerie. Actuellement, on trouve de plus en plus souvent des cages spéciales pour rats, chinchillas et tamias rayés (écureuil de Corée), qui sont normalement les meilleurs foyers pour rats commercialisés, car ils ont la bonne hauteur, une grille avec des barreaux suffisamment rapprochés, un bac profond et de grands portillons. Comme les rats grimpent beaucoup, une cage pour deux ou trois animaux doit avoir 100 cm de haut et une surface au sol de 80 x 80 cm. Mais un enclos de 2 m de haut est encore mieux : plus c'est grand, mieux c'est.

Des cachettes offrent des possibilités de retraite et nos entreprenants petits compagnons aiment en faire leur terrain de jeux.

- **Les cages pour cochons** d'Inde et lapins offrent une surface suffisante, mais elles manquent de hauteur. En outre, l'espace entre les barreaux est si large que les rats passent sans problème au travers. Pour loger en toute sécurité de jeunes rats, les barreaux ne doivent pas être espacés de plus d'1,2 cm ; la grille doit être prévue pour que les habitants puissent y grimper.
- **Les cages pour oiseaux** et les conteneurs en verre sont inadaptés aux rats. Ils présentent trop de possibilités d'évasion et, de plus, les saletés s'accumulent dans les coins, sous les tiroirs. Dans les aquariums et les terrariums, le manque d'air frais crée rapidement un climat malsain favorisant les maladies.
- **Les cages pour hamsters et souris** conviennent très bien comme logement de fortune ou station de quarantaine, et pour y garder des petits. Mais, pour héberger durablement nos agiles rongeurs, elles ne

sont valables que si elles sont d'une taille suffisante.

▸ **Avec un peu d'habileté,** on peut aussi construire soi-même le parfait foyer pour rats. Le mieux est d'utiliser des plaques de béton précontraint et d'en faire une sorte de caisse. Des grilles ouvrantes ménagées sur le devant facilitent le nettoyage. Les côtés doivent aussi, au moins en partie, être faits de grilles qui offriront à nos rats entreprenants des possibilités supplémentaires d'escalade. Un entourage en verre ou en aggloméré de 15 à 20 cm de haut évite les projections de litière à l'extérieur.

Les nids en herbe sèche doivent pouvoir être totalement défaits — sans armature de fil de fer.

L'emplacement adéquat

L'endroit parfait pour des rats se situe dans les pièces à vivre de votre logement. Il est toutefois essentiel d'être attentif aux dangers suivants :

▸ **Les courants d'air,** une hygrométrie élevée quand la température est basse, et la fumée de cigarettes causent du tort aux animaux.

▸ **La chaleur** due au rayonnement solaire direct ou à la proximité de radiateurs peut provoquer des coups de chaleur.

▸ **« Le danger qui vient d'en haut »** est ressenti comme une menace par beaucoup de rongeurs, même si c'est la main amicale de leur soigneur. Le foyer des rats ne doit donc jamais être placé à moins de 80 à 100 cm du sol.

▸ **La proximité de haut-parleurs** est une torture pour les rats, qui perçoivent des fréquences inaudibles pour l'homme (p. 10). Il est donc essentiel de ne pas placer la cage à côté de la chaîne stéréo ou de la télévision.

▸ **Beaucoup de rats** font preuve d'une grande adresse pour faire passer à travers les barreaux de leur cage des objets de l'environnement immédiat. Aussi ne faut-il rien laisser à leur portée.

L'aménagement intérieur

Pour que vos rats se sentent vraiment à l'aise dans leur logement, il faut l'aménager de manière à répondre à leurs besoins.

La litière

Dépourvue de poussière, la litière doit pouvoir être aspirée. Les litières pour petits animaux que l'on trouve dans le commerce sont constituées le plus souvent de copeaux de bois qui conviennent très bien, pourvu qu'ils ne tombent pas en poussière et soient de bonne qualité, sans morceaux grossiers ni éclats pointus. La litière de paille, de maïs ou de chanvre a aussi fait ses preuves. Une couche de 10 cm d'épaisseur dans le bac suffit pour absorber l'urine et permettre aussi aux rats de fouir. S'ils semblent utiliser résolument toujours le même coin de leur cage pour leurs besoins, on peut à cet endroit mettre la litière dans une boîte peu profonde qui fera office de toilettes et sera facile à changer. La litière pour chats absorbe parfaitement l'urine et l'odeur et beaucoup de propriétaires de rats l'utilisent volontiers ; mais attention : si les animaux en mangent des bribes, elle peut s'agglomérer dans leur estomac et entraîner la mort. En outre, certaines de ces litières contiennent beaucoup de poussière, ce qui peut irriter les poumons des rongeurs.

Règles à observer lors de l'aménagement

En dépit des aménagements, la cage doit être facile à nettoyer.

Les matériaux utilisés ne doivent pas être dangereux pour la santé des rats : pas de plastique mou, pas de branche provenant d'arbre toxique, pas de clous qui dépassent, etc.

Les éléments d'aménagement doivent être solidement fixés pour éviter tout accident. Mais il faut tout de même pouvoir les enlever facilement pour les nettoyer.

Les maisonnettes

Beaucoup de choses peuvent servir de caches : les nichoirs de bois pour grandes perruches et les maisonnettes pour cochon d'Inde ont souvent la taille idéale et les rats aiment y dormir. Lors de l'achat, veillez à ce qu'ils soient munis d'un couvercle qui permettra de les contrôler facilement et, par exemple, d'ôter la nourriture qui y aura été stockée. Pensez également que les maisonnettes en bois (non traité) doivent être changées assez souvent, étant donné qu'elles seront salies d'urine et sentiront peut-être mauvais. Mais des pots de fleurs en terre cuite, dont on a percé le bord d'un trou (sans arête coupante) et que l'on pose retournés, ou des boîtes en carton bien propre, peuvent aussi offrir de très bonnes cachettes.

Le matériau de construction des nids

Du papier de toilette ou de l'essuie-tout blanc, du foin,

Beaucoup de rats savourent le plaisir de prendre un bain dans du sable pour chinchillas. C'est aussi pour eux une manière de prendre soin de leur pelage.

des mouchoirs en papier non parfumés offrent un matériau de nidification bon marché. Toutefois, certains rats sont allergiques au foin. ▸ **Attention !** La ouate pour nid (ouate pour hamster) que l'on trouve dans beaucoup d'animaleries est très dangereuse. Ses longues fibres peuvent s'enrouler autour des pattes des animaux et gêner la circulation sanguine. Elles peuvent aussi rester accrochées à leurs griffes. Il faut aussi être prudent avec les bouts de tissus : beaucoup de rats les déchirent en petits morceaux. Et les fils des textiles peuvent avoir les mêmes effets funestes que la ouate pour hamster.

Les écuelles

Pour la nourriture, on utilise deux écuelles de céramique ou de grès bien stables, l'une pour la nourriture sèche, l'autre pour la fraîche. Le meilleur emplacement est le milieu de la cage. Les rats aiment courir le long des grilles qui constituent les limites de leur territoire et si l'on y place leurs écuelles, ils les saliront vite en passant continuellement par-dessus. L'eau à boire ne reste propre que dans sa bouteille. Les abreuvoirs biberons en plastique sont une excellente solution : on les fixe à la cage, de l'extérieur, à une hauteur facile à atteindre pour les animaux.

À SAVOIR

Le plaisir du bain de sable

Beaucoup de rats aiment se rouler longuement dans du sable pour chinchillas. Cela ne leur procure pas seulement du plaisir, mais les aide à prendre soin de leur pelage.

On peut mettre ce sable dans une coupe en céramique par exemple, ou dans une cabine de bains pour chinchillas.

Choisissez du sable pour chinchillas. Le sable pour oiseaux ou celui qu'on utilise pour la construction et les aires de jeux a des grains aux arêtes vives qui peuvent endommager la peau et le pelage.

Le terrain d'aventures

Dans un foyer pour rats qui tient compte de leur bien-être, l'aménagement ne se réduit pas aux équipements de base. Il faut qu'il leur offre de multiples moyens de distraction, par exemple des accessoires de gymnastique et d'escalade. Dans ce domaine, il n'y a pas de limite à la fantaisie. On peut jouer les architectes d'intérieur et essayer sans cesse des nouveautés. Les rats sont curieux et on a toujours le loisir de changer une partie de l'aménagement de la cage. Toutefois, une transformation complète de leur espace de vie les stresserait, les effraierait et les rendrait peureux. Un changement complet d'aménagement n'est nécessaire que lorsqu'on réunit des mâles qui ne se connaissent pas (p. 34).

Plaisir de l'escalade pour petits « alpinistes »

La hauteur de l'enclos pour rats permet de créer des étages en bois de différents niveaux. Des planches pour affût perché sont aussi appréciées par presque tous les rats pour le point de vue. On trouve des crochets de fixation adéquats dans les grandes surfaces de bricolage. L'emploi de plaques de ciment précontraint évite d'avoir à changer trop souvent les planches qui s'imbibent d'urine. On peut aussi protéger le bois des salissures en l'enduisant d'une laque spéciale recommandée pour les meubles des chambres d'enfant (demandez conseil au vendeur).
Les étages peuvent être reliés par des échelles de bois (en animalerie), des branches, ou des racines assez épaisses d'érable, de hêtre, de saule, de noisetier ou d'arbre fruitier.

Le papier toilette est apprécié des rats pour capitonner leur nid.

Les hamacs sont également appréciés (p. 65), ainsi que les cordes en fibre de coco que l'on peut suspendre au travers de la cage en les fixant aux grilles. Veillez bien à ce qu'il n'y ait aucun éclat de bois.

Grignoter des vraies branches préserve les dents courtes des rats et leur apporte des sels minéraux.

Randonnées d'exploration

Les coins sombres attirent irrésistiblement les rats et ils aiment qu'on leur offre beaucoup de moyens de se cacher. Ils adorent les tunnels : des tubes de carton ou de liège d'au moins 6 à 8 cm de diamètre sont une appréciable source de jeux. C'est encore mieux de relier plusieurs tunnels en forme de labyrinthe, avec beaucoup de bifurcations. Des boîtes en carton non imprimé de tailles différentes, empilées les unes dans les autres, ou en pile stable, constituent pour nos rongeurs curieux un formidable parc d'attractions.

> **À SAVOIR**
>
> **La piscine**
>
> **Beaucoup de rats** aiment se baigner, mais après un bain dans une écuelle pleine d'eau, la litière est complètement trempée. **Il faut donc** réserver ce genre de bain aux sorties en liberté ou alors l'offrir juste avant le changement de litière.

Des attractions diverses

Au prix de quelques manipulations, on peut diviser l'enclos des rats en divers terrains d'aventures. Par exemple, on peut suspendre aux grilles plusieurs nichoirs pour grandes perruches et y mettre une couche de quelques centimètres d'un matériau chaque fois différent, comme de la terre (pas trop humide, mais pas trop sèche non plus), du sable pour chinchillas ou de la tourbe spéciale pour rongeurs. Mais on peut aussi utiliser des feuilles sèches de saule, de noyer ou d'arbre fruitier, et du papier blanc déchiqueté. Certains rats aiment aussi s'installer dans des objets usuels, par exemple une théière hors d'usage ou une vieille chaussure.

Devenir l'ami des rats

La cage doit être complètement aménagée avant d'acheter les animaux.
Le transport signifie presque toujours un stress pour les rats, il faut donc leur offrir à l'arrivée quelques heures de calme ; pour les enfants, c'est souvent un moment difficile : leur curiosité et leur joie sont compréhensibles. Évitez d'inviter tous vos amis pour qu'ils donnent leur avis sur les nouveaux venus !

Transporter des rats en toute sécurité

Des boîtes spéciales en plastique avec un couvercle grillagé et une poignée conviennent très bien pour le trajet jusqu'à la maison. Relativement bon marché, elles seront très utiles aussi pour le transport chez le vétérinaire. Elles empêchent dans une certaine mesure les évasions et protègent des courants d'air. La bonne taille est de 20 x 30 cm. Les boîtes en carton des animaleries sont vite rongées et ne peuvent servir que pour de courts trajets.

▸ **On les capitonne** de litière pour petits animaux et de foin pour que les rats ne glissent pas et ne se blessent pas.

▸ **Prévoyez de la nourriture** seulement si le transport dure assez longtemps. Par contre, pour les départs en vacances, il faut mettre dans le conteneur des rongeurs des céréales et un morceau de concombre pour étancher leur soif.

▸ **Mettre la boîte dans l'obscurité** pendant le transport sécurisera les rats. Il est également impératif de tenir le conteneur de transport à l'abri des intempéries : froid, chaleur excessive, vent et humidité.

L'acclimatation

Arrivé à la maison, on peut commencer à prendre contact directement avec les rats dès qu'ils ont quitté

Des rats apprivoisés peuvent recevoir en gâteries des friandises saines.

leurs cachettes, mangé un peu et exploré leur cage. Il suffit de maintenir sa main immobile dans la cage. Les petits curieux viendront vite la flairer et il se peut même qu'ils essaient de la grignoter. Il faudra néanmoins rester calme, car tout mouvement brusque peut sur le champ détruire la confiance tout juste gagnée. Un léger souffle sur eux ou un bruit de sifflet leur fera comprendre clairement qu'une morsure au doigt est douloureuse.

▸ **Comme l'homme** est d'abord, pour les rats, un « arbre ambulant », ils essaieront à coup sûr de grimper le long du bras. Et petit à petit, on peut s'éloigner de la cage avec le rat sur le bras ou sur la main. On peut aussi en plus le gratter doucement derrière les oreilles.

▸ **On a déjà bien progressé** quand le rat, privé du refuge de sa cage, ne manifeste aucune peur. L'animal a confiance et son propriétaire s'est fait un ami qui, même sans l'attrait d'une friandise, s'intéresse à son soigneur et se sent avec lui en sécurité, exactement comme dans son environnement familier.

▸ **Les friandises** facilitent-elles la prise de contact ? C'est à chacun d'en décider. Dans un groupe de rats, l'animal de rang supérieur ne cède jamais de nourriture à un congénère de rang inférieur. Normalement on réussit à gagner la confiance d'un rat sans le « soudoyer ».

Ces garnements remuants doivent toujours, pour leur sécurité, être tenus avec douceur mais fermeté.

▸ **Malheureusement** on peut toujours rencontrer des animaux craintifs qu'on ne parvient pas à faire sortir de leur réserve, même après des semaines de patience. Il vous faudra alors les tirer de leur cachette avec douceur et les mettre sous votre chemise. La chaleur et l'obscurité feront bientôt fondre même des petits froussards. Comme des rats particulièrement peureux ou effrayés déposent souvent de l'urine et des crottes, il vaut mieux lors des premiers essais de contacts ne pas porter de vêtements fragiles.

Pour bien cohabiter

Il vaut la peine de consolider chaque jour cette confiance nouvellement acquise, en prenant en considération les besoins des rats. Mieux on les comprend, mieux la vie commune fonctionnera.

Soulever et porter un rat

Quand un rat est apprivoisé et a pris confiance, on peut avec précaution passer la main par-dessus ses épaules et sous sa cage thoracique pour le soulever. Pour que cette façon de le porter ne soit pas trop désagréable pour le rat, il faut placer l'autre main sous son arrière-train.

▸ Les plus remuants s'enveloppent des deux mains, ce qui évite qu'ils tombent ou se blessent grièvement.

▸ La longue queue du rat pousse malheureusement beaucoup de gens à l'utiliser pour les porter. Mais on devrait y renoncer, car il est désagréable pour un rat d'être saisi par la queue et, si l'animal est lourd, c'est même douloureux et dangereux. On ne peut le faire que dans des cas exceptionnels avec des individus non apprivoisés ou énervés. Dans ce cas, on saisit avec précaution et fermeté l'animal à la racine de la queue (c'est-à-dire tout près du corps). Et pour le soulever, on le soutient avec l'autre main pour qu'il ne se retrouve pas suspendu la tête en bas.

▸ Attention ! Il ne faut jamais soulever un rat par le bout de la queue. Elle pourrait se casser ou même s'arracher.

▸ Saisir l'animal par la peau du cou, comme on le fait pour les lapins ou les jeunes chats, est absolument contre-indiqué avec des rats : ça leur fait très mal.

Les bonnes relations

Il devrait aller de soi pour tout propriétaire de rats qu'on ne tire pas un animal

Les caresses et les jeux

On peut caresser un rat aussi longtemps qu'il en éprouve visiblement du plaisir. Mais s'il essaie d'échapper à la main, s'il recule, devient agité, s'enfuit ou même pince un doigt, c'est qu'il en a assez, qu'il veut la paix et peut-être même qu'il ne se sent pas en sécurité ou qu'il a peur.

Beaucoup de rats, lorsqu'on les caresse, manifestent leur contentement par des émissions sonores. On peut les interpréter comme des signes de grand bien-être ou de détente totale. Comme les chats, les rats peuvent aussi émettre ces bruits de contentement dans d'autres situations, le plus souvent dans des états de forte excitation (les chats, c'est connu, ronronnent chez le vétérinaire !).

Quand les rats sont d'humeur à jouer avec leur soigneur, ils cherchent le contact avec lui, ou répondent avec plaisir à ses sollicitations.

Mais il ne faut pas répondre chaque fois à leur invitation à jouer, car certains peuvent devenir envahissants s'ils n'apprennent pas que tout ne se passe pas toujours comme ils le veulent.

Ces deux rats apprécient visiblement d'être affectueusement caressés derrière leurs grandes oreilles par leur soigneur.

de son sommeil et qu'on ne le dérange pas quand il mange. Le mieux est d'attendre qu'il vienne de lui-même sur la main et témoigne par là qu'il est disponible pour des activités communes.

▸ Attention : quand on manipule les rats, il faut le faire avec des mains qui ne sentent pas la nourriture. Beaucoup de produits cosmétiques ont en effet une odeur de fruit. Or, les rats, comme tous les petits mammifères, s'informent essentiellement grâce à leur odorat. S'ils ne reconnaissent pas l'odeur humaine, ils pinceront la main. La perception visuelle joue chez eux un rôle bien moindre que chez l'homme. Des parfums inhabituels peuvent également être très irritants et parfois même provoquer la peur et l'agressivité des rats.

À SAVOIR

La place favorite

Des rats apprivoisés apprécient souvent d'être perchés sur l'épaule de leur propriétaire et ils aiment mieux cela que d'être portés.
Presque tous restent là tranquillement assis sans sauter en bas.
Dans la maison, il est possible d'offrir ce plaisir aux rats entreprenants.
En plein air, il vaut mieux y réfléchir à deux fois : une fois dehors, un rat peut facilement prendre peur et s'enfuir.

La socialisation

Les rats sont des animaux très sociables, dont la vie de groupe est définie par un ordre hiérarchique solidement établi. Même quand il s'agit de leur territoire, ils savent exactement qui a le droit d'y pénétrer. Et un nouveau congénère ne s'accepte pas comme ça.

Un peloton de rats : les animaux jeunes sont ceux qui s'habituent le mieux les uns aux autres.

Patience et prudence

Même des rats vivant en solitaires défendent leur territoire, leur foyer de rats, avant toute chose et un intrus n'est pas accepté sans résistance et sans combats. On doit donc accoutumer prudemment l'un à l'autre des animaux qui ne se connaissent pas en terrain neutre.

▸ **Les jeunes animaux** s'habituent beaucoup plus facilement les uns aux autres que ceux d'un certain âge. Les femelles, même très âgées, acceptent généralement des congénères inconnus. Par contre, socialiser durablement des mâles adultes qui ne se connaissent pas est le plus souvent problématique.

▸ **Il est préférable de loger** d'abord les nouveaux arrivants dans un espace neutre. On peut profiter de cette période pour gagner leur confiance et cette quarantaine évite d'apporter aux animaux déjà installés d'éventuelles maladies contagieuses.

▸ **Ensuite,** on place les cages l'une à côté de l'autre en laissant entre elles une distance de sécurité : les animaux peuvent ainsi prendre contact de loin.

▸ **Manifestez un intérêt amical** si vous êtes amené d'abord à mettre les rats en présence en dehors de leur territoire, par exemple dans un enclos de sortie situé dans une autre pièce. Il peut être utile de frictionner les nouveaux venus avec de la litière légèrement humide d'urine des occupants de longue date afin qu'ils acceptent leur odeur. Si les animaux font mine de se supporter, on peut passer à la seconde étape.

▸ **Nettoyez et réaménagez** complètement à neuf la cage des rats déjà installés. Ce changement atténuera leur comportement territorial et ils accepteront plus vite leur nouveau colocataire. C'est le nouvel arrivant qui a le droit d'entrer le premier.

▸ **Au début,** il y aura encore, dans l'enclos de sortie et dans la cage, des combats hiérarchiques, qui, aux yeux des humains, paraissent agressifs et inamicaux. Mais tant que cela ne dégénère pas en échange de morsures,

Une bonne équipe prend aussi ses repas en commun.

n'intervenez pas. Une fois l'ordre hiérarchique établi, la paix reviendra.

▸ **Si les conflits deviennent graves,** au point que le sang coule, il faut séparer les animaux. Mais attention : dans une telle situation, même des rats apprivoisés peuvent mordre cruellement leur propriétaire qu'ils connaissent bien. Pour les séparer, portez une paire de gants en cuir épais.

▸ **À l'intérieur du clan de rats,** il peut y avoir continuellement de petites querelles, qui leur servent aussi à mesurer leurs forces. Un jeune rat qui sent croître ses forces veut un jour prendre la place de dominant. C'est un comportement social tout à fait normal qu'un propriétaire de rats doit accepter.

▸ **Les rats** sont des individus s'habituant plus ou moins vite les uns aux autres. Et il y a même occasionnellement de vrais solitaires qui ne supportent aucun congénère. Lors de la socialisation, vous pouvez aussi vous faire conseiller par un soigneur de rats chevronné.

À SAVOIR

Les rats et les autres animaux

Des rats ne peuvent pas être socialisés avec d'autres rongeurs ni avec des lapins. Les différences sont trop grandes, qu'il s'agisse de nourriture, du comportement ou des besoins. Et il peut y avoir aussi des luttes de territoire. **Les oiseaux** se sentent mal à l'aise à proximité de rats. **Pour des chiens, des chats et des reptiles,** les rats font partie des proies potentielles et il est très dangereux de les mettre ensemble. À la rigueur, la vie commune avec des chiens bien élevés est envisageable.

L'alimentation

Les rats ne sont pas difficiles, ils acceptent presque tout ce qui leur convient. C'est justement pour cela qu'une nourriture équilibrée et variée est si importante.

Le menu

La nourriture doit essentiellement comporter des glucides et contenir un pourcentage de graisse et de protéines plus faible que la nourriture humaine. Nos restes de table ne conviennent pas aux rats, car ils sont le plus souvent trop gras, trop salés et épicés. Soyez attentif aussi à la qualité : la nourriture avariée est juste bonne pour la poubelle. Par ailleurs les rats ne « savent » pas ce qui est bon pour leur santé : ne faites pas d'expériences ! Tout ce qu'ils mangent avec plaisir n'est pas forcément bon pour eux.

Les raisins sont une friandise, mais doivent rester une récompense rare car ils contiennent beaucoup de sucre.

L'importance des glucides

Les céréales contiennent avant tout des glucides et, pour cette raison, constituent une alimentation de base appropriée. Les rats doivent toujours en avoir à leur disposition, car ils consomment de petites portions de nourriture réparties tout au long de la journée.

▸ **La meilleure nourriture** de base est un mélange spécial pour rats que l'on trouve en animalerie. La ration est d'une cuillère à soupe par animal et par jour. Dans les grands élevages à but commercial, on nourrit les rats avec des croquettes spéciales contenant tous les nutriments nécessaires. Ne les donnez pas à vos rats, car ils sont monotones.

▸ **Les petits extras :** occasionnellement, vous pouvez leur offrir un morceau bien dur de pain suédois ou de pain complet, non moisi bien sûr. De temps en temps, vous pouvez aussi donner du riz ou des pâtes, cuits à l'eau et sans épices. Mais on ne doit pas donner à un rat tous les déchets de table.

Les protéines

La proportion de protéines animales dans l'alimentation des rats vivant en liberté varie considérablement. D'une manière très générale, on les qualifie d'omnivores se nourrissant essentiellement de végétaux. Étant donné que dans la nature, les protéines animales ne sont pas d'accès facile, quand on leur en donne, les rats se précipitent dessus. N'en donnez pas trop à vos petits favoris, cela peut leur causer de graves problèmes de santé. Parce qu'ils les aiment beaucoup, ne leur en donnez que comme « friandise », deux à trois fois par semaine. De petites quantités de crème aigre, de fromage blanc, de yaourt, de fromage doux à pâte pressée (ou occasionnellement un vers de farine) sont très appréciées des rats et suffisantes pour leur santé.

Les vers de farine sont une friandise, à donner seulement de temps à autre.

Les compléments alimentaires

Les os à mâcher pour chiens et les biscuits pour chiens très durs permettent à vos rats de limer leurs incisives, ce qui est une nécessité pour des rongeurs (p. 11). Mais supprimez alors de la ration hebdomadaire de protéines les petites friandises qui en contiennent, pour éviter une suralimentation. La plupart des rats aiment les rameaux verts d'arbre fruitier (à l'exclusion des fruits à noyaux), de hêtre, de bouleau, d'érable ou de noisetier. Ceux-ci ne doivent naturellement pas avoir été traités, ni salis par des fientes d'oiseaux ou les gaz de pots d'échappement.

L'eau

Des rats qui reçoivent de la nourriture fraîche, riche en eau, ne boivent guère. Mais il faut tenir à leur disposition de l'eau fraîche, renouvelée chaque jour. Offrez-la leur dans un abreuvoir biberon (p. 27).

Les aliments frais

Une nourriture équilibrée pour vos rats comporte aussi des aliments frais, qui leur apportent des vitamines et d'autres nutriments.

Les légumes et les fruits

Les rats dédaignent peu de légumes et de fruits. Vous pouvez leur offrir à peu près toutes les variétés que vous aimez manger, vous aussi, et peut-être même plus encore. Prenez seulement certaines précautions :

- **La qualité** des légumes et des fruits doit être irréprochable. Si c'est possible, choisissez des produits bio, pour éviter les pesticides.
- **Lavez-les à l'eau tiède** et séchez-les bien avant de les donner. Si vous leur offrez des agrumes, enlevez très soigneusement les écorces (voir ci-dessous).
- **Évitez de donner en excès** certaines sortes de légumes et de fruits qui leur causeraient les mêmes problèmes digestifs qu'aux humains (par ex. diarrhée et ballonnements).
- **Ne leur donnez pas de légumes ou de fruits** provoquant des ballonnements, comme les choux, les oignons ou les poires mûres. Renoncez à la laitue pommée, qui peut provoquer de sévères diarrhées.
- **Variez la nourriture.** Donnez par exemple des légumes qui contiennent beaucoup d'eau comme des tomates ou des concombres, en même temps que d'autres variétés qui en contiennent peu, comme des pommes ou des carottes.
- **N'offrez qu'en petites quantités** des fruits très acides comme les agrumes et les kiwis, car beaucoup de rats ne les supportent pas bien – le mieux est d'y renoncer tout à fait.
- **Servez fruits et légumes crus** – à l'exception des pommes de terre et des légumes secs qui ne peuvent être donnés que cuits.

Les vitamines et les sels minéraux

Une alimentation variée et équilibrée rend inutile tout complément de vitamine, de sels minéraux et d'oligo-éléments. En donner sans précaution peut même aboutir à une suralimentation. Cela ne s'avère nécessaire que pour des animaux âgés, malades ou des femelles pleines : faites-vous conseiller par le vétérinaire. Celui-ci vous fournira également les préparations appropriées ou vous indiquera celles qui conviennent parmi les offres des animaleries. Il est tout à fait déconseillé d'avoir recours à des préparations

Toxique ou indigeste

Plantes d'appartement : entre autres agaves, cyclamens, azalées, épine du Christ, dieffenbachia, lierre, fougères, anthurium, jacinthes, narcisses, hoya, poinsettia, arum d'Éthiopie.

Fruits : entre autres grenades, kumquats, litchis, mangues, papayes, physalis, fruits à noyaux, agrumes.

Tous les conifères, en raison des huiles essentielles.

Rêve de rat : un morceau de fromage aussi gros relève de l'imaginaire, mais une petite bouchée de fromage de type gruyère est tout à fait permise de temps à temps.

vitaminées utilisées en médecine humaine, car leur concentration est le plus souvent trop forte. L'apport de certaines vitamines n'est d'aucune utilité aux rongeurs, car, contrairement aux humains, ils les fabriquent eux-mêmes (par ex. la vitamine C). Un excès de cette vitamine leur ferait plus de mal qu'une carence. Certains rats détestent l'odeur du complexe de vitamines B, au point de refuser par la suite toute nourriture ou eau ayant cette odeur.

La quantité de nourriture

Comme la quantité de nourriture nécessaire varie et dépend de l'âge, de la taille et des particularités individuelles des rats, il est difficile de donner des indications précises valables pour tous les animaux. La règle est de donner juste assez de nourriture pour que le lendemain il n'y ait qu'un tout petit reste. Si elle est raisonnablement composée avec peu d'éléments gras, cette ration évitera à vos rats d'engraisser. Et n'oubliez pas de contrôler régulièrement qu'ils n'ont pas enfoui ou caché une partie de leur nourriture dans leur enclos (p. 46) !

À SAVOIR

À cueillir vous-même

Beaucoup de rats se régalent d'herbes médicinales. Celles-ci doivent être propres, et récoltées en dehors des routes à grande circulation, à cause des gaz d'échappement, et des chemins où les chiens vont faire leurs besoins.

Les herbes qu'ils apprécient : basilic, aneth, échinacea, pâquerette, bourse-à-pasteurs, camomille, pissenlit, mauve, mélisse, persil, fleur de souci, sauge, achillée, tournesol, mouron des oiseaux.

Épanouis et en forme

Les rats sont des rongeurs intelligents et sociaux qu'il faut absolument inciter à se surpasser pour qu'ils se sentent bien. Faites preuve d'imagination : c'est à vous d'offrir à vos astucieux locataires des occupations excitantes.

S'occuper avec ses rats n'est pas à proprement parler un travail de soigneur, mais c'est au moins aussi important. Il est pratiquement impossible d'offrir à un rat vivant seul quelque chose qui remplace les congénères qui lui manquent. Aussi faut-il qu'un rat vivant seul ait un contact corporel avec son propriétaire plusieurs heures par jour. Le gratter doucement, le caresser régulièrement, et le porter sur ou sous ses vêtements peut constituer un moyen de substitution (un pis-aller). Même quand ils vivent en groupe, les laisser grimper et explorer sur l'épaule est pour eux une bonne distraction, mais elle n'est pas nécessaire chaque jour. Les jeux offrent des occupations supplémentaires. Mais vous n'avez pas à en imaginer de nouveaux chaque jour. Quand un jeu devient ennuyeux, changez-en pendant quelques jours, ensuite il plaira à nouveau.

① Trouver sa nourriture

Les rats vivants à l'état sauvage passent beaucoup de temps à chercher de la nourriture. Profitez de ce comportement naturel pour donner à vos rats une véritable occupation. C'est le jeu idéal, parce qu'une bouchée appétissante est souvent la meilleure des motivations pour entreprendre quelque chose. Avec une friandise bien en vue, vous pouvez par exemple inciter l'animal à passer dans un labyrinthe de carton ou de bois fait maison, ou à faire le beau. Parfois, il suffit de cacher un morceau de nourriture dans une vieille chaussette pour rendre le jeu palpitant.

2

Chercher

À l'intérieur de la cage, les possibilités de créer de nouvelles occupations pour les rats sont nombreuses : des manchons de papier toilette ou d'essuie-tout, des boîtes en carton propre et des branches non traitées qu'ils peuvent ronger, des friandises ou des graines cachées dans le foin ou dans un carton, qu'ils peuvent dénicher... Un vrai plaisir pour eux !

Grimper

Les briques perforées truffées de bouchées alléchantes constituent pour les rats un paradis des plus attrayants. Empilez-les solidement et faites-en une vraie pyramide qui les incite à l'escalade et à la découverte. Sous des feuilles sèches, du foin ou de la paille, vous pouvez cacher de petits morceaux particulièrement appréciés. Des distributions de nourriture irrégulières et réparties sur toute la journée sont un moyen supplémentaire de stimuler l'activité des rats.

3

4

Petits cadeaux

Le papier offre d'innombrables possibilités de diversion à des polissons aussi éveillés que les rats. Enveloppez-y une friandise en cadeau et ils s'activeront à la déballer. Vous pouvez aussi remplir un carton de rognures de papier (non imprimé) et y mettre la ration quotidienne de nourriture.

L’environnement idéal

La possibilité d’explorer est bien plus importante pour les rats qu’un espace libre et le mouvement. À cet effet, votre maison leur offre pas mal d’occasions, mais recèle aussi bien des dangers.

En liberté dans la maison

Vous ne devez octroyer la liberté à vos rats uniquement sous surveillance. Écartez toute source de danger avant de les lâcher et fermez toutes les fenêtres, les portes et les tiroirs. Ne perdez jamais les animaux de vue : face à ces explorateurs, rien n’est en sécurité dans votre maison. Les rats sont d’étonnants grimpeurs : rideaux, étagères et même un crépi bien structuré peuvent servir d’échelle à ces rongeurs particulièrement habiles.

- Ne laissez courir vos rats en liberté dans la maison que lorsqu’ils sont apprivoisés et se laissent prendre sans être stressés.
- Évitez absolument d’avoir à les capturer après une poursuite sauvage.
- Vous faciliterez le retour des rats dans leur foyer si vous prévoyez une petite échelle ou une corde qui les mèneront du sol à leur cage. Cela représente aussi pour eux une possibilité de retraite et leur donne confiance.

Les as de l’évasion !

Il existe malheureusement de vrais champions de l’escapade qui réussissent toujours à s’offrir de leur propre chef une promenade en liberté dans la maison.

Les dangers domestiques

Les câbles électriques doivent être dissimulés pour que les rats ne puissent pas les atteindre.

Des objets brûlants comme le fer à repasser et des bougies allumées sont à mettre hors de portée.

Il faut boucher les espaces derrière ou sous les meubles, ou les agrandir de façon à pouvoir atteindre et saisir le rat en cas d’urgence et qu’il n’y trouve pas à se cacher.

Les cendriers pleins, les cigarettes, les médicaments, les produits chimiques et autres choses semblables doivent être mis hors de portée des rats.

Déplacez-vous avec précaution, aussi bien pour marcher que pour vous asseoir : tant de petits rongeurs en liberté ont déjà été piétinés ou écrasés par leur propriétaire…

Tenez à l’écart les animaux de compagnie de plus grande taille, comme les chats et les chiens, qui peuvent stresser les rats par leur présence ou éventuellement les blesser.

Protégez vos autres animaux de compagnie comme les petits oiseaux, les hamsters et les souris d’une éventuelle intrusion de vos rats lâchés dans la maison. Beaucoup de rats réussissent effectivement à ouvrir de l’extérieur une cage à oiseaux et à tuer ses occupants.

Au petit déjeuner aussi, vos hardis petits amis aimeront vous tenir compagnie et regarderont votre assiette avec convoitise.

La plupart du temps, si la cage est accessible à partir du sol, elle joue le rôle de refuge et ils y reviennent vite. Il est facile de faire sortir des rats apprivoisés hors de leur cachette – souvent en les attirant avec une friandise irrésistible. Des animaux craintifs au cours de la phase d'acclimatation recherchent le plus souvent d'eux-mêmes le foyer familier pour se nourrir et boire. Par contre, des friandises réparties dans la pièce risqueraient d'inciter plus d'un rat craintif à s'installer à demeure derrière l'armoire à vêtements et à y amasser de la nourriture. Placez plutôt les friandises dans la cage ouverte.
Un petit cadenas à combinaison sur la porte évitera la prochaine escapade.

Un peu d'égards

En exhibant l'animal sur l'épaule par provocation, on ne récolte que du dégoût. C'est seulement en traitant le rongeur (et nos concitoyens !) avec tact que nous ferons mieux accepter les rats. Pour améliorer leur image, il vaudrait mieux faire ressortir leur aspect attachant et militer pour qu'on les accepte et qu'on les comprenne.

À SAVOIR

Des rats sur l'épaule

Il est préférable de ne pas vous promener avec votre rat sur l'épaule. Pour des animaux craintifs et nerveux, c'est un stress, et rien de plus.
Dehors, les animaux doivent avoir absolument une possibilité de retraite, sous votre pull, dans votre poche ou ailleurs.
Si le rat devient agité, c'est souvent parce qu'il doit faire ses besoins.
Évitez les espaces enfumés et le bruit et ne laissez pas courir les rats en plein air, car ils peuvent contracter des maladies graves.

Des soins et de l'affection

L'entretien

Les rats ont encore malheureusement souvent la réputation d'être des animaux sales et de sentir mauvais. Cela est peut-être dû au fait que certains de leurs congénères à l'état sauvage vivent en clandestins dans les égouts. Mais en réalité, ces rongeurs sont des animaux propres qui passent chaque jour beaucoup de temps à soigner leur corps.

Ils n'ont pas non plus d'odeur spécifique désagréable. Mais bien sûr, si leur soigneur n'est pas très regardant sur l'hygiène, il ne faut pas longtemps pour que la cage prenne une odeur forte.

N'utilisez pas de produits de nettoyage agressifs pour la cage et les accessoires, ils peuvent irriter les voies respiratoires des animaux. De l'eau très chaude et du vinaigre d'alcool suffisent amplement.

Le soin des pattes, chez les rats, participe à leur aspect soigné.

L'entretien régulier

Les rats font partie des animaux dont l'entretien ne donne pas beaucoup de travail.

Les tâches quotidiennes :

- Avant de donner la nourriture, enlevez les végétaux abîmés mêlés à la litière.
- Nettoyez l'abreuvoir biberon avec un goupillon et les écuelles avec de l'eau très chaude.
- Renouvelez l'eau de boisson.
- Contrôlez les endroits où ils dorment et les coins de la cage, parce que les rats aiment y cacher de la nourriture. Et comme ils ont l'habitude de marquer leurs provisions avec de l'urine, la nourriture peut se couvrir de moisissure.
- Donnez légumes, fruits et verdure fraîche ainsi que des graines.
- Contrôlez leur santé (p. 48).

Tous les deux jours environ :

‣ Changez sur une belle surface la litière des coins toilettes.

Une fois par semaine :

‣ Nettoyez complètement la cage. Renouvelez la litière en totalité et lavez la cage et les accessoires avec de l'eau très chaude légèrement vinaigrée. Surtout laissez bien sécher avant de remettre les rats à l'intérieur.

‣ La fréquence de ces nettoyages complets dépend de plusieurs facteurs. S'il y a beaucoup d'animaux sur un espace relativement restreint et qu'ils reçoivent un beau choix de légumes et de fruits, il faut nécessairement nettoyer plus souvent.

Vérifiez chaque jour que vos rats n'entassent pas de provisions dans leur nid.

Partir en vacances avec des rats ?

Le plus souvent, c'est pour eux un stress important et, malheureusement, ils sont rarement bien accueillis. Et ne serait-ce qu'à cause de l'éventuel danger que représentent la chaleur, le froid et les courants d'air, il est préférable de renoncer à les emmener avec vous.

‣ **En cas d'assez longue absence,** il faut réfléchir sérieusement à assurer leur entretien. Le plus souvent vous trouverez des voisins, des amis ou des parents qui s'en chargeront.

‣ **Si vous n'avez qu'un seul animal,** il faut nécessairement l'emmener avec vous, à condition toutefois que le trajet soit court et que le rat soit toléré là où vous êtes hébergé. Ces restrictions impératives de vos projets de vacances sont une nouvelle raison d'avoir au moins deux rats, qui se tiendront compagnie en votre absence. Un animal isolé commence à dépérir au bout d'une demi-journée sans personne pour s'occuper de lui.

‣ **Deux animaux ou plus,** si vous leur laissez double ration de légumes et fruits et une provision suffisante de graines et d'eau, peuvent demeurer chez vous pendant deux jours sans soins, sans en souffrir.

‣ **Si vous emmenez vos rats assez souvent,** vous devez absolument vous procurer une cage de transport (p. 30), que vous rembourrez chaque fois soigneusement.

Les soins préventifs

Malheureusement, les rats domestiques sont devenus, après trop de croisements consanguins et de maintenance en laboratoire, bien plus sujets aux maladies que leurs congénères sauvages. Aussi est-il très important que vous observiez minutieusement vos rats chaque jour et que vous consultiez le vétérinaire au moindre signe de maladie.

Les rats au banc d'essai

Nourrir chaque jour ses animaux et jouer avec eux sont de bonnes occasions pour examiner de près l'état de leur santé. Soyez particulièrement attentif aux points suivants :

- L'un des rats change-t-il de comportement ?
- L'un d'eux a-t-il la diarrhée ?
- Y a-t-il un nez qui coule, un « nez rouge » ou des éternuements ?
- Entendez-vous des bruits de respiration inhabituels, par exemple des halètements ou des râles ?
- Les yeux et/ou les oreilles ont-ils changé ?
- Sentez-vous sous la peau de petits nodules inhabituels ?
- Le pelage est-il terne et peu fourni avec des plaques de peau irritée ? Un rat se gratte-t-il fréquemment, a-t-il des rougeurs sur la peau ou des poils qui tombent ?
- Tous mangent-ils normalement ?
- Y en a-t-il un qui a fortement maigri, ou trop grossi ? Pesez vos rats une fois par semaine et notez le résultat pour connaître à temps les fluctuations de poids importantes.
- Le comportement des animaux est-il différent de leur comportement habituel ? L'un d'eux se tient-il à l'écart du groupe et devient-il soudain agressif, ou ne se laisse-t-il plus caresser ?
- Vérifiez régulièrement que les incisives de vos rats sont suffisamment usées. C'est normalement facile, si vous tenez une friandise au-dessus du rat et qu'il s'allonge avec sa petite gueule ouverte pour l'attraper. Si les dents ne sont pas assez usées, elles ne s'affrontent plus et les animaux ne peuvent plus manger. Seul le vétérinaire pourra alors corriger cela. Pour éviter d'en arriver là, offrez toujours assez de matériaux à ronger à vos rats. D'autre part, sachez encore que les incisives du rat sont normalement jaunes : des incisives blanches dénotent une carence.

La consultation chez le vétérinaire

D'autres propriétaires de rongeurs et des associations peuvent vous aider à trouver un vétérinaire ayant l'expérience des rats.

Mettre ses questions par écrit au préalable permet de ne rien oublier pendant la consultation.

Prenez toujours rendez-vous par téléphone en dehors des heures de consultation, afin d'éviter une longue attente et de réduire le stress de votre rat.

Précieux vétérinaire

Dès qu'apparaît un signe de maladie, il est important de

Si vous regardez attentivement vos rats tous les jours, les changements qui signalent une maladie vous sauteront aux yeux.

demander conseil à un vétérinaire ayant l'expérience des rats. Si vous traitez vous-même, vous courez le risque de faire une erreur de diagnostic et des médicaments employés à tort ont des conséquences fâcheuses. En outre, les petits rongeurs ont un métabolisme rapide. Ils vivent, peut-on dire, plus vite que nous et par conséquent leurs maladies évoluent aussi plus rapidement. Tout de suite après avoir acheté vos rats, trouvez un vétérinaire compétent près de chez vous.

▸ **Transportez** votre animal dans une boîte appropriée, protégée des courants d'air et des intempéries. S'il est soutenu par la présence d'un congénère, votre rat sera beaucoup moins stressé.

▸ **Informez le vétérinaire** des conditions de vie, de l'âge, du poids et du nombre des animaux dans le groupe, de leur nourriture, des maladies précédentes, et des symptômes que vous avez remarqués ainsi que des médicaments que vous avez déjà donnés.

▸ **Faites-vous expliquer** clairement le diagnostic, le traitement et l'évolution possible de la maladie.

À SAVOIR

Le rat, un animal vaillant

Étant une proie par excellence, le rat est contraint de cacher sa faiblesse le plus longtemps possible. **Dans la nature,** il court sinon le risque d'être rapidement victime d'un prédateur. **Dès qu'un rat montre** les symptômes d'une maladie ou refuse toute nourriture, c'est qu'il est déjà très faible. C'est pourquoi il est très important de reconnaître les changements de comportement dès le début et de réagir immédiatement.

Les maladies

Autrefois, les rats ont été les vecteurs de maladies redoutables. Ils ont propagé beaucoup d'épidémies. Heureusement, cela a changé et en Europe, même les rats vivant à l'état sauvage ne représentent plus guère un risque sanitaire pour les humains.

Le pelage et la peau donnent des indications importantes sur l'état de santé d'un rat. Regardez chaque jour son pelage, caressez-le régulièrement du doigt à rebrousse-poil, et vous remarquerez vite les changements. Un rat qui néglige de se soigner montre qu'il ne va pas bien, soit parce qu'il est malade soit parce qu'il est peut-être très âgé.

De dangereux fléaux

Des poils peu fournis et des croûtes sur la peau que les rats grattent obstinément peuvent être le signe d'acariens et de poux. Les puces ne dérangent le rat que si l'attaque est massive et on peut rester longtemps sans les remarquer. De petites gouttes de sang dans le matériau du nid ou autour du foyer peuvent également dénoter la présence de parasites de la peau. Il y a

Les démangeaisons sont peut-être causées par des parasites.

À SAVOIR

Le cowpox : un virus rare, mais pas exceptionnel

Ce virus qui infecte parfois les rats ainsi que tous les autres rongeurs, peut se transmettre à l'homme et causer des lésions de la peau. Pour éviter l'infection, les mesures d'hygiène sont simples : se laver les mains après avoir touché le rongeur et porter des gants pour nettoyer sa cage. Toute plaie ou griffure doit être immédiatement nettoyée et désinfectée.

plusieurs possibilités de transmission : ils peuvent être apportés par un autre animal familier (par ex. un chien, un chat ou un nouveau congénère), ou par les humains, ou bien dans la nourriture, le foin et la paille.

▸ **Aux premiers signes d'attaque de parasites,** vous devez dans tous les cas faire ausculter les rats par un vétérinaire, afin qu'il en détermine la nature.

▸ **Les acariens et les poux** sont les plus courants, ils se nourrissent des squames de la peau. Ils ne sont visibles qu'au microscope. Les poux, eux, sont parfois visibles à l'œil nu sous forme de petits points blancs.

▸ **Les puces** sont rares chez les rats de compagnie ; on les voit sous forme de petits points noirs dans le pelage, leurs déjections forment des « miettes » sombres qui deviennent rougeâtres quand on les humidifie.

▸ **Si vous découvrez des points suspects** dans le pelage de vos rats, essayez d'en prélever avec du ruban adhésif transparent et de les fixer sur une feuille de papier blanc. Ces bandes peuvent aider le vétérinaire à déterminer l'espèce exacte du parasite et à prescrire le traitement approprié.

▸ **Des champignons** peuvent provoquer les mêmes symptômes que les parasites externes et sont également transmissibles à l'homme. Si les rats en sont atteints, il est impératif de se désinfecter les mains après tout contact avec eux.

▸ **Une perte de poids** continue chez des animaux qui se nourrissent normalement peut, surtout chez des animaux jeunes, être le signe d'une attaque de vers qui se sont sans doute introduits dans de la nourriture ou de la litière souillée (nettoyez toujours soigneusement la nourriture fraîche !). Heureusement, on peut les combattre facilement avec les préparations efficaces prescrites par le vétérinaire.

Des rats malades se tiennent souvent à l'écart de la « vie de la famille ».

À SAVOIR

Le bon traitement

Quand le vétérinaire a déterminé la nature du parasite, il prescrit le médicament adéquat. **Mais il ne suffit pas** de traiter le rat atteint, il faut aussi délivrer du fléau tous ses congénères et la cage.

Reconnaître les maladies les plus courantes

Des infections graves causées par des bactéries, des virus ou des protozoaires ne se déclarent normalement que si la résistance des rats est déjà amoindrie, par exemple à cause d'une mauvaise nourriture, d'une litière sale, d'une attaque de parasites ou d'un autre type de stress.

Mélangé à du fromage blanc, un médicament, même amer, paraît souvent bien meilleur.

La diarrhée

Des crottes sans forme, poisseuses et molles et un anus souillé sont le signe d'une diarrhée qui peut avoir de nombreuses causes. Cela arrive souvent aux rats après une consommation excessive de fruits et de légumes aqueux. Dans ce cas, il faut supprimer du menu toute nourriture fraîche. Pain suédois, biscottes et flocons d'avoine accompagnés de thé noir dilué agissent vite et font disparaître les symptômes. Mais si la diarrhée ne diminue pas en quelques heures, il vaut mieux consulter le vétérinaire.

Les refroidissements

Des éternuements fréquents, un nez qui coule, des bruits de respiration nettement audibles et éventuellement des yeux légèrement collés dénotent très clairement un refroidissement. Cela peut être causé par exemple par un courant d'air, des variations soudaines de température ou encore de l'humidité dans la cage. Éliminez ces causes et placez la cage dans un endroit chauffé à 22/23 °C (p. 25), mais pas directement à côté du chauffage, car l'air sec nuit aux muqueuses. Consultez le vétérinaire, car un refroidissement évolue vite en pneumonie et met la vie des rats en danger.

▸ **À 1 an et demi - 2 ans,** beaucoup de rats attrapent des rhumes sans qu'on sache pourquoi. Les antibiotiques du vétérinaire peuvent agir. Mais malheureusement, chez des animaux âgés, une respiration difficile avec râles et sifflements peut être le signe d'une tumeur pulmonaire.

Les tumeurs

Il peut se former aux endroits du corps les plus divers des gonflements nettement visibles ou reconnaissables à la palpation. Si cela grossit fortement en quelques jours, il peut s'agir

La boîte de transport protège les animaux des courants d'air, du froid et de la pluie pendant le trajet.

d'un abcès purulent qui parfois perce de lui-même au bout de quelque temps et guérit tout seul dans bien des cas. Toutefois il faut faire voir le rat au vétérinaire. Surtout chez les rats à partir d'environ 18 mois, cela évolue souvent en tumeurs malignes, en cancers. Laissez le vétérinaire décider de la possibilité et de l'utilité d'une opération. Souvent, mais pas toujours, une opération peut prolonger la vie de l'animal.

Les blessures

Des blessures ou des morsures n'excédant pas 4 cm de long guérissent normalement vite et sans complications. Les animaux accélèrent le processus de guérison en léchant régulièrement leurs plaies. Il est rare qu'un traitement sur une petite blessure apporte une amélioration plus rapide, toutefois il faut surveiller qu'aucun abcès ne se forme. Dans ce cas, comme toujours, la règle est de consulter le vétérinaire, si vous constatez un net changement de comportement chez l'animal ou si les blessures sont plus importantes.

▸ **En cas de chute** d'une grande hauteur, les rats, guidés par un réflexe naturel, atterrissent normalement sur leurs pattes ; toutefois, il leur arrive de rester allongés sans mouvement. C'est souvent la conséquence du choc qu'ils ont subi en tombant. Remettez l'animal avec précaution dans sa cage et observez-le. S'il ne retrouve pas rapidement un comportement normal, il faut le faire examiner tout de suite par un vétérinaire — transportez-le avec prudence, car il pourrait s'agir d'une commotion cérébrale ou de lésions internes. Les jeunes animaux particulièrement ne savent pas bien apprécier les hauteurs et il est nécessaire de toujours les surveiller de près.

Ce que vous pouvez faire

Lorsque l'un de vos rats est malade, laissez au vétérinaire le soin de poser un diagnostic et de décider du traitement. Vous aurez encore assez à faire pour soigner le malade.

Des mesures salutaires

Quand vous soignez un rat malade, tenez-vous-en exactement aux prescriptions du vétérinaire. Veillez à l'hygiène dans l'enclos et à la qualité irréprochable de la nourriture :

- **Séparer un animal malade** des autres n'est nécessaire que dans des cas exceptionnels, car la séparation représente un stress important pour un rongeur sociable. Le vétérinaire vous conseillera au cas par cas.
- **Du bruit et de l'agitation** à proximité de la cage sont source d'accablement pour un rat malade : invitez les enfants au calme, afin qu'ils se conduisent paisiblement aux alentours de la cage.
- **Lors d'infections,** exposer une partie de la cage au rayonnement d'une lampe infrarouge (du commerce), qui apporte une chaleur agréable, est souvent efficace. Quand la température devient trop élevée, les rats peuvent se retirer dans l'autre partie de la cage. La chaleur doit vous paraître agréable quand vous posez la main sur la litière. Mais prenez toujours conseil auprès du vétérinaire, car la lampe infrarouge est contre-indiquée en cas de commotion cérébrale.
- **En cas de refroidissement,** un récipient plein de décoction de camomille fumante placé à côté de la cage apporte souvent un soulagement aux animaux. Surtout si on couvre ce côté de la cage d'un linge. Il faut naturellement veiller à ce qu'aucun animal ne puisse se brûler au récipient ou à la vapeur.

Donner des médicaments

Vous pouvez mélanger le médicament à une compote de fruits et le donner à la cuillère.

- **Beaucoup de rats** préfèrent le jus de fruits, le fromage blanc ou le yaourt : si on y mélange les petits comprimés finement râpés ou les gouttes, ils avaleront le tout sans piper. Seuls les antibiotiques ne peuvent pas être mélangés aux produits laitiers.
- **Si ça ne marche pas,** vous serez obligé de mettre le mélange dans une seringue dépourvue d'aiguille et de le lui faire ingurgiter en introduisant la seringue dans sa gueule, sur le côté derrière

La dose exacte

Respectez toujours scrupuleusement la dose de médicaments prescrite.

En rajouter ne sert à rien, cela peut au contraire provoquer une aggravation du mal ou d'autres maux.

Donner les médicaments pendant toute la durée prescrite est essentiel, pour éviter une rechute ou même, quand ce sont des antibiotiques, le développement d'une possible résistance.

Une seringue sans aiguille permet de donner un médicament à un rat malade.

les dents. Le mieux est que quelqu'un tienne l'animal, doucement mais fermement, pendant cette opération.

Âgé, mais toujours robuste

L'espérance de vie moyenne du rat est de 2 ans. Dans de rares cas, cela peut aller jusqu'à 3 ans et demi. Même des rongeurs sauvages comparables – moins sujets à diverses maladies « de civilisation » – ne dépassent que rarement l'âge de 3 ans à 3 ans et demi.

▸ **Dans la dernière partie de leur vie,** les rats deviennent plus calmes, beaucoup sont encore plus affectueux, leur pelage est moins brillant et ils peuvent maigrir en dépit des meilleurs soins. De nombreux rongeurs deviennent aveugles avec l'âge et certains développent malheureusement des tumeurs. Faites en sorte que vos rats vieillissent le plus agréablement possible et évitez toute modification importante de leur cage.

▸ **Les vieux rats** doivent aussi être soignés si le pronostic est optimiste. Sans espoir de guérison et si c'est très douloureux, envisagez une euthanasie. Faites-le sans oublier tous les bons moments vécus ensemble.

À SAVOIR

Nourrir un rat malade

S'il ne mange plus du tout, vous serez peut-être obligé de le nourrir de force. Mais seulement en cas d'urgence : le gavage est source de stress !
Broyez finement sa nourriture habituelle et mélangez-la à une infusion de camomille pour faire une bouillie que vous lui ferez ingurgiter avec une seringue sans aiguille.
Vous pouvez mélanger à la nourriture de la purée de légumes pour bébés, de la banane écrasée ou des flocons d'avoine.

Naissances chez les rats

Les rats, outre leur polyvalence et leur faculté d'adaptation, ont développé une autre stratégie pour survivre : leur incroyable fécondité.

La responsabilité

Une belle troupe de jeunes rats vous promet beaucoup de plaisir, mais si vous ne trouvez pas preneur pour les petits, votre joie peut vite tourner à l'aigre. Celui qui souhaite multiplier ses rats doit savoir au préalable ce qu'il fera des petits. Il vaut mieux compter avec des portées importantes, plutôt que de se retrouver avec un excédent d'animaux. On m'a offert un jour une rate d'environ 11 mois, dont j'ai pensé (étant donné son âge) qu'elle aurait une petite portée. Mais à ma grande surprise, elle a mis bas 18 petits et les a tous élevés sans le moindre problème ! Déjà, avec une portée moyenne de 6 à 10 petits, il peut être difficile de trouver à les placer tous dans de bonnes conditions. On n'a pas envie qu'ils finissent comme nourriture pour serpents ! Si vous ne voulez pas de naissances, il reste deux possibilités :

- La castration, que seuls quelques vétérinaires pratiquent. Renseignez-vous auprès de votre vétérinaire habituel.
- La stricte séparation des sexes. C'est la méthode la plus simple et la plus sûre pour éviter les naissances non désirées.

Les conditions préalables

Si vous êtes assuré de trouver dans votre cercle d'amis et de connaissances assez de preneurs et que vous avez envie d'élever des petits, vous devez encore observer quelques règles :

- Les parents (et si vous les connaissez, naturellement aussi les ascendants)

L'amour chez les rats a plus d'un visage. Ces deux-ci sont très attachés l'un à l'autre et ils se blottissent étroitement l'un contre l'autre, même pour faire un petit somme.

doivent être en bonne santé, tout à fait domestiqués, et de préférence paisibles et détendus.
Il arrive que des rats nerveux tuent leur portée.

▸ Les femelles atteignent leur maturité sexuelle avant d'avoir leur taille définitive et il vaut mieux qu'elles ne soient pas couvertes avant d'avoir 5 mois, ni après 12 mois, car il pourrait y avoir des problèmes à la mise bas.
Un élevage planifié répond à des conditions particulières. Cela exige plus de place et plus de temps : plus de cages signifie plus d'entretien.
N'oubliez jamais que le but essentiel lors de toute « multiplication » doit toujours être la santé des animaux.

Dans le confort du nid, *la descendance se sent vraiment bien.*

La reproduction

Si on réunit des rats mâles et femelles, on a normalement très vite des accouplements. Après un contrôle génital, le mâle pousse la femelle devant lui avec son nez. Lorsque la rate est prête, elle reste immobile devant le mâle, le dos effacé et la tête dressée et accepte la copulation, qui ne dure que quelques secondes. La copulation se répétera au cours des heures suivantes.

▸ **Pendant la gestation** (20 à 24 jours), les femelles ont besoin d'un peu plus de nourriture et de protéines (p. 37). Quelques jours avant la mise bas, la rate commence à agrandir et à rembourrer le nid. Elle devient plus calme et peut-être aussi plus revêche. Évitez désormais tout stress aux animaux. Comme les rates peuvent être de nouveau couvertes juste avant la mise bas ou tout de suite après, il est bon de séparer le mâle de la femelle au plus tard quelques jours avant. Et comme beaucoup de rates sans petits volent les jeunes d'autres femelles et que certaines mères dans un groupe se laissent détourner du soin de leurs petits, il vaut mieux isoler la future mère.

Petits rats deviendront grands

La mise bas a lieu le plus souvent la nuit ou le matin. La mère se met immédiatement à lécher les nouveau-nés. C'est seulement après la naissance du dernier de la portée qu'ils pourront téter pour la première fois. Les voir grandir est un vrai bonheur.

Les premiers jours, il vaut mieux laisser la mère absolument tranquille. On peut jeter un coup d'œil dans le nid, mais seulement quand la mère est sortie – et sans toucher quoi que ce soit, car l'odeur pourrait la déranger. En cas de stress important les premiers jours, il peut arriver que les femelles tuent leurs petits et les dévorent. Ce comportement naturel nous fait horreur, mais apporte aux animaux vivants à l'état sauvage des nutriments essentiels et les remet rapidement en état pour une prochaine portée dans de meilleures conditions. Beaucoup de rates mordent leur soigneur habituel quand elles ont des petits ou quand elles les déplacent sans cesse dans d'autres nids ; il peut arriver alors que les petits soient blessés ou même en meurent. Pendant la période d'allaitement, la rate a besoin de beaucoup de protéines et doit recevoir une ration bien nutritive.

1 ◂ **Les rats nouveau-nés** sont complètement nus, sourds et aveugles : ce sont des nidicoles typiques. Le « bar à lait » maternel est leur unique repère. Le premier duvet commence à pousser quelques jours après la naissance. Les petits, encore aveugles, commencent à environ une semaine leurs premières escapades dans le nid, sans aucun sens de l'orientation. Au bout de 14 jours, ils ouvrent les yeux et commencent à explorer activement leur environnement.

2

▸ **Lors de leurs excursions,** les petits font connaissance avec la nourriture de leur mère. Ils commencent à absorber, en plus du lait maternel, de la nourriture solide. Au bout de 6 semaines environ, on peut les sevrer. Selon l'importance de la portée, les rats atteignent leur maturité sexuelle entre 4 et 8 semaines et il vaut mieux alors séparer les mâles de leurs sœurs et de leur mère. À seulement 6 semaines, certains jeunes mâles s'accouplent avec leur mère, avec succès ! Bien qu'il s'agisse là de cas exceptionnels, mieux vaut ne pas courir de risque. Laissez par contre les femelles le plus longtemps possible avec leur mère, qui leur apprend beaucoup.

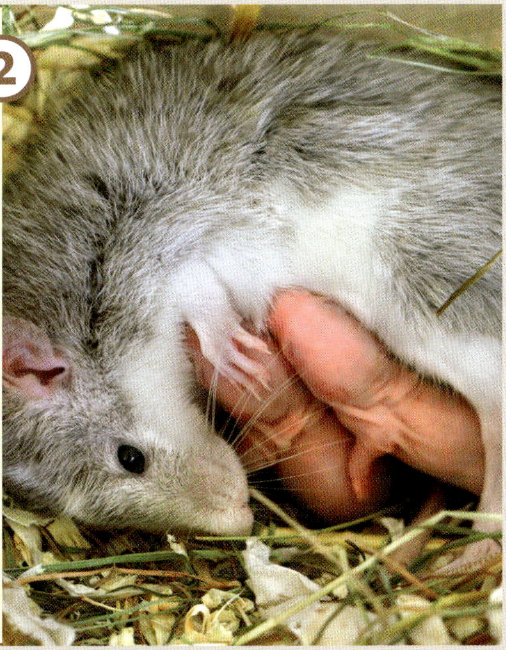

3

◂ **La mère,** quand les petits sont encore jeunes, limite leurs escapades. Lorsqu'ils se trouvent trop loin du nid, elle les y ramène en les portant dans sa gueule. Cela provoque chez eux une rigidité cataleptique (sur la photo, le petit a 11 jours). Faites en sorte que la cage soit à l'épreuve des évasions. À cet âge, les bébés sont tout à fait capables de passer de force entre des barreaux très serrés. Dès qu'ils explorent leur environnement, il faut aussi qu'ils fassent connaissance avec vous, leur soigneur. Posez par exemple votre main dans leur nid pendant une sortie de leur mère.

Coin infos

Réalisation

▸ **L'auteur** Georg Gassner s'occupe depuis des années d'élever et de maintenir diverses espèces de petits rongeurs indigènes et exotiques. Il jouit d'une notoriété internationale dans les cercles de spécialistes. Il a écrit d'innombrables livres ayant pour thème les petits rongeurs de compagnie.

▸ **La photographe** Regina Kuhn est photographe indépendante. Elle a une longue expérience de photographe animalière.

▸ **L'éditeur et la photographe** expriment leur gratitude à Rebekka Lehmann (Herleshausen) et à Sally Matern (Hochdorf) pour leur soutien amical dans la réalisation des photos.

Crédit photographique

▸ **Toutes les photos** sont de Regina Kuhn.

L'édition originale de ce titre a été publiée
en allemand sous le titre « Ratten »,

Traduit de l'allemand par : Roswitha Shoeben.

8, rue Blanche
75009 Paris
Tél. : 01 48 05 03 03
www.editions-ulmer.fr

Réalisation : Bénédicte Dumont
Impression et reliure : Alcione, Trento
Printed in Italy

ISBN 978-2-84138-419-8

N° d'édition : 419-01

Responsabilité

L'auteur et l'éditeur se sont efforcés d'apporter les informations les plus fiables possibles. Des erreurs ne peuvent toutefois être totalement exclues. Aucune garantie quant à l'exactitude des informations ne peut donc être donnée. Leur responsabilité pour les dommages éventuels qui pourraient en résulter ne pourra être juridiquement invoquée.

Index

Extras, les rats !

Les rats sont des animaux malins qui apprennent vite. Tu peux vraiment entreprendre beaucoup de choses avec eux.

Tu peux par exemple bricoler un labyrinthe dans un grand carton et y cacher des friandises toujours aux mêmes endroits : tes rats sauront bientôt où il y a de délicieux petits morceaux et tu pourras observer qu'ils s'y dirigent tout droit.

Puis, tu cacheras les friandises à un autre endroit et tu feras entrer les rats. Regarde maintenant très attentivement : trouvent-ils tout de suite la récompense ou courent-ils d'abord aux endroits habituels ?